AF401601

LES DERNIERS JOURS

DE

L'ÉCONOMIE ACTUELLE

ET

LES SEPT TROMPETTES APOCALYPTIQUES

PAR GALICHET

Voici le temps auquel le jugement
de Dieu doit commencer par sa Maison.
(1 PIERRE, IV, 17).

EN DÉPOT

A la Rédaction de la CHAMBRE HAUTE
NYONS (Drôme).

—

Décembre 1873.

OBSERVATIONS

L'Auteur de cette brochure est un simple ouvrier qui n'a nulles prétentions littéraires, mais qui aime la lecture et la méditation.

Il s'est senti poussé à donner au public chrétien le fruit de ses pensées.

L'Éditeur n'a apporté que quelques modifications de détail à son travail, dont il lui laisse toute là responsabilité.   **L.-F. G.**

N. B. — L'exemplaire demeure à **50 cent.** *pour les Souscripteurs et à* **75 cent.** *pour les non souscripteurs, — avec remise pour tous d'un exemplaire par demi-douzaine, et le port à notre charge.*

INTRODUCTION

Les temps dans lesquels nous vivons sont des temps remarquables, fertiles en malheurs et en événements extraordinaires. Ces événements se précipitent à la suite les uns des autres avec une telle rapidité que les hommes en sont frappés d'étonnement. On n'entend parler que de guerres, de bruits de guerre et de séditions, et une sourde fermentation règne dans les esprits. Partout, dans les idées comme dans les faits, on ne remarque que trouble et qu'incertitude, et l'on ne peut se soustraire à cette pensée, que de la crise terrible que traverse le monde, il devra sortir un ordre de choses nouveau. Mais quoi?

Les sages de notre siècle nous faisaient espérer la paix et la concorde : les uns croyaient que le progrès, faisant disparaître l'ignorance, les sociétés finiraient pour s'étendre et s'aimer; les autres espéraient que l'erreur religieuse s'effacerait en présence des lumières de la civilisation, et que l'on arriverait peu à peu à la vérité et au règne de Dieu. — Vaines espérances! Il n'en est rien, et il n'en sera rien. L'homme d'aujourd'hui est le même que celui d'hier. Par ses seuls efforts, il ne saurait atteindre de tels résultats, et l'expérience du passé est une indication pour l'avenir. — Il serait aussi facile au « maure de changer sa peau et au léopard ses taches », qu'il le serait à l'homme d'arriver, par sa propre science et ses progrès, à la paix et à la concorde, à l'amour fraternel et au règne de Dieu.

Lecteur, « que personne ne vous séduise en aucune manière » : le Seigneur n'a rien promis de semblable. Au contraire, si nous interrogeons l'Apocalypse, nous n'y découvrons que guerres, désolations et apostasies, et enfin, le martyre des disciples du Christ. Voilà notre avenir ici-bas « jusqu'à ce que le Seigneur vienne. »

Aujourd'hui, plus que jamais, l'étude de la Révélation doit nous être précieuse; car « Dieu l'a donnée *par J.-C. à ses serviteurs pour leur faire connaître les choses qui doivent arriver bientôt!... Heureux celui qui lit, heureux ceux qui écoutent les Paroles de cette Prophétie et qui gardent les choses qui y sont écrites, car le temps est proche!* » — Nous devons chercher dans cette Parole divine les lumières dont nous avons besoin pour les jours difficiles que nous avons à traverser. Le Seigneur nous en a fait part dans ce but.

Lecteur chrétien, ce n'est pas de l'histoire que je viens faire avec vous; je me bornerai à vous donner de simples indications, à l'aide desquelles vous pourrez, je l'espère, entrevoir les jalons de cette route douloureuse par laquelle les rachetés du Seigneur doivent arriver au règne béni, dans lequel « la volonté de Dieu sera faite sur la terre comme au ciel. » — Ce qui nous intéresse tout spécialement, c'est de connaître le point qu'occupe notre époque entre le sentier déjà parcouru et celui qu'il nous reste à parcourir.

A cet effet, je vous présenterai d'abord quelques considérations générales sur des sujets divers; puis, nous nous occuperons des *six premières Trompette* de l'APOCALYPSE, ainsi que de *la septième*, qui appartient à l'avenir et qui doit clore l'Économie actuelle. — Je dirai, en passant, que cette dernière période devra être très-courte, car elle accomplit sa durée pendant le règne d'une seule personnalité.

LES DERNIERS JOURS
DE L'ÉCONOMIE ACTUELLE

PREMIÈRE PARTIE

I.— Méthodes d'interprétation et Considérations générales sur l'Église.

Les deux principaux systèmes d'interprétation employés dans l'étude de la prophétie sont : le littéralisme de B.-W. Newton, que l'on trouve dans ses **Pensées sur l'Apocalypse,** ainsi que dans les ouvrages des auteurs de la même école, et l'interprétation symbolique, qui fait des *douze cent soixante jours* (Apoc., XI, 3) autant d'années.

D'après le premier système, la Révélation est divisée en trois parties : « les choses que tu as vues, celles qui sont et celles qui doivent arriver dans l'avenir « (chap. I, 19),— cela est vrai.— « Les choses que tu as vues et celles qui sont » forment la période de l'Eglise ici-bas; cette période se subdivise elle-même en sept états de choses, représentés par les sept Eglises auxquelles le Seigneur s'adresse (chap. II et III), savoir : Éphèse, Smyrne, Pergame, Thyatire, Sardes, Philadelphie et Laodicée.— A la période *philadelphique,* l'Église est enlevée au Ciel et *Laodicée* « vomie de la bouche du Seigneur ».

D'après cela, l'Église échapperait à la grande tribulation des derniers jours. Et les « choses qui sont à venir », (ou *qui doivent arriver dans la suite),* commenceraient seulement à la troisième période, décrite au chap. IVe. Ce serait là la prophétie proprement dite non encore réalisée.

Je répondrai d'abord que si l'Eglise apostolique existe encore, elle doit avoir conservé son type primitif et être *visible* quelque part, selon que le Seigneur en avait donné le modèle. Et si elle devait passer par sept phases différentes pendant sa durée ici-bas, l'histoire devrait pouvoir le constater, car une prophétie est inutile quand les événements ne la justifient pas.— Ainsi, toutes celles de l'Ancien Testament, relatives à la première venue du Christ ou à la dispersion du peuple juif, l'histoire les a pleinement confirmées; —et ces sept périodes ne le seraient pas ! — De plus, l'Eglise aurait marché près de 17 siècles vers un avenir toujours menaçant sans pouvoir jamais reconnaître aucun jalon capable de l'orienter ! Non, cela ne peut pas être.

D'après le système que je combats, l'Eglise doit être *un corps* qui n'a jamais cessé d'être *visible* jusqu'à maintenant. Eh bien, qu'on nous le montre pendant les 14 siècles qui ont précédé la Réformation, ou depuis la Réforme, dans les diverses fractions du Christianisme, parmi lesquelles il faut comprendre le Métropolitanisme, le Papisme et jusqu'à l'Ultramontanisme, parce que, dans tous ces systèmes, le Seigneur a des élus. — Je le répète, qu'on nous montre, soit dans le Protestantisme soit dans le Catholicisme, ce *corps visible*, marchant sur les traces des apôtres et possédant de l'Eglise primitive le culte, la doctrine, l'autorité et l'unité.

Parlons d'abord du *culte*. La disposition intérieure de nos temples protestants (je ne dirai rien des Eglises catholiques) montre assez que *la forme* du culte primitif n'existe plus parmi nous, car tout y est disposé de manière à ce que les auditeurs soient en face d'un homme. Dans les assemblées apostoliques, il n'y avait pas de chaire : L'œuvre de l'édification de l'Eglise n'était pas confiée à un seul, et l'on ne pouvait savoir à l'avance de quel côté la voix se ferait entendre. — Quant à l'organisation, elle était toute simple, et les charges n'étaient confiées qu'à des hommes « remplis de foi et du Saint-Esprit. » — La *doctrine* était pure et se rapportait tout entière à Dieu le Père, à Jésus-Christ, le Fils de Dieu et le Sauveur du monde, et au Saint-Esprit, que Dieu donne à ceux qui le Lui demandent.»—Jésus était toujours présent au milieu de son Eglise et y accomplissait les promesses faites aux Apôtres : « Je suis avec vous jusqu'à la fin du monde!..... Et voici les miracles qui accompagneront ceux qui auront cru : Ils chasseront les démons en mon Nom; ils parleront de nouvelles langues; ils chasseront les serpents; quand ils auront bu quelque breuvage mortel, il ne leur fera point de mal; ils imposeront les mains aux malades, et ils seront guéris » (MARC, XVI, 17, 18). Aujourd'hui, inutile de parler de toutes ces choses.... à moins d'aller à Lourdes (!)

Nulle part, non plus, nous ne retrouvons l'*autorité* de l'Eglise apostolique. Certes, elle était très-redoutable, car le Tout-Puissant était là pour la faire respecter; les exemples sont nombreux : tels sont, Ananias et Saphira, les magiciens Simon et Elymas (ACTES, V, 1 à 12; VIII, 9 à 24; XIII, 8 à 12), Hyménée et Alexandre, que St-Paul livre à Satan (1 TIM., I, 20), et enfin, l'incestueux de Corinthe. (1 Cor., V, 3 à 5).

Le Pape seul prétend posséder et exercer cette autorité par ses bulles et ses sentences d'excommunication. Mais il a perdu son prestige et une partie de sa force depuis que son pouvoir temporel a été brisé et depuis que Victor-Emmanuel a tiré des cachots du Vatican les dernières victimes de l'Inquisition.—Bref! l'absolutisme et la puissance tyrannique des papes n'ont aucune ressemblance avec l'autorité apostolique exercée par Dieu même.

Enfin, nous cherchons vainement parmi les Eglises visibles cette *unité* que Jésus avait demandée pour les siens. (Voir Jean, XVII, 21 à 23).— Rome dit, il est vrai, qu'elle en a le dépôt, mais elle se trompe ou elle cherche à tromper ; car sous une grande apparence extérieure, ce corps colossal, si admirablement organisé, est profondément divisé et miné intérieurement par les schimes qui se produisent dans son sein. Chaque jour de nouvelles défections viennent démontrer que ce vieil édifice menace ruine.

On peut donc résumer ce qui précède, en disant : que les Eglises chrétiennes prises dans leur ensemble ne constituent pas l'*Eglise visible* et qu'aucune ne réalise absolument le type de l'Eglise primitive, quant à son culte et à sa doctrine, à son autorité et à son unité. — Après le IIIe chapitre de la Révélation, l'Eglise primitive disparaît, et après la mort de l'apôtre Jean, l'histoire ne saurait nous la montrer nulle part. Sans doute, l'Eglise de Jésus-Christ continue d'exister, mais elle est *invisible*, et l'organisation apostolique s'efface peu à peu.— L'Eglise, ce sont : « les appelés, les élus et les fidèles, dont les noms sont écrits dans le Livre de vie. » A cette Eglise-là, il ne sera jamais dit : « Je te vomirai de ma bouche ! »

Je sais bien qu'en parlant ainsi, je risque d'attrister des chrétiens très-estimables ; mais dans un temps aussi solennel que celui dans lequel nous sommes, il faut avoir le courage de dire la vérité. Donc, je parlerai !

Je reviens aux divers systèmes d'interprétation :

Si comme certains commentateurs le pensent, l'Eglise est enlevée au Ciel avant la 3e période (Apocal., chap. IV), la grande épreuve des temps de la fin serait épargnée aux rachetés de Jésus. — La Révélation elle-même se charge de refuter cette opinion ; elle nous rapporte qu'à ceux-ci « il est donné à chacun une robe blanche, et on leur dit de demeurer encore un peu de temps en repos *jusqu'à ce* que le nombre de leurs compagnons de service et de leurs frères qui devaient être mis à mort comme eux fût accompli. (APOCAL., VI, 11).

Si l'Eglise n'est déjà plus ici-bas sous le règne de l'Antichrist, ceux qui doivent être livrés en sa main « pendant un temps, des temps et la moitié d'un temps, » qui sont-ils? On répond à cela que le prophète Daniel étant juif a parlé à ce point de vue. — Mais alors, ceux mentionnés par Saint-Jean, au 4me verset du XXme chapitre, qui sont-ils?... « Je vis aussi les âmes de ceux qui avaient été décapités pour le témoignage de Jésus et pour la Parole de Dieu, qui n'avaient point adoré la bête ni son image et qui n'avaient point pris sa marque sur leurs fronts ou à leurs mains, et qui devaient régner avec Christ pendant ces mille ans..... »'(vers. 4 à 6).

Si l'Eglise ne doit pas passer par cette dernière épreuve, de quel sang «la femme à la coupe d'or » sera-t-elle « ivre »?—La Parole répond : « Du sang des Saints et des Martyrs de Jésus ! » (Chap. XVII, 6.)

Après ces indications si positives, la solution n'est pas douteuse : L'Église de Jésus-Christ doit passer encore au creuset de la persécution, et des tribulations l'attendent.

On peut donc reprocher au système de l'interprétation littérale d'avoir placé sous l'Économie actuelle sept états de choses *imaginaires* que l'histoire de l'Eglise ne confirme pas, et d'avoir transporté au temps de la fin tous les événements qui ont été accomplis depuis la disparition de l'Eglise apostolique, — événements contenus dans la 3e période. Tandis que le système de l'interprétation symbolique a fait l'inverse : il a placé à la troisième Trompette des événements importants qui ne s'accompliront qu'à la septième et qui sont encore à venir.

II.— DES INDIVIDUALITÉS.

Avant d'aborder la question prophétique, il est bon de s'arrêter quelques instants sur des sujets qui en facilitent l'intelligence. Nous commencerons par les *Individualités.* — Quand une nation nouvelle apparaît sur la scène du monde et qu'elle y entre dans un rôle actif, il lui est donné une *individualité* pour lui communiquer une impulsion et pour déterminer le caractère spécial qu'elle conservera jusqu'à la fin de son existence et jusqu'à ce qu'elle ait accompli son rôle.— Ainsi, les Sarrasins subsistèrent par la volonté de Dieu, et cependant, ils eurent pour roi « un ange de l'abîme.» (APOCAL., IX, 1).

La terre prophétique a eu plusieurs *individualités*, parmi lesquelles on en remarque sept d'un caractère tout particulier; et ce n'est pas sans intention que l'Esprit saint a séparé les cinq premières des deux dernières, comme voulant indiquer par-là le dernier régime qui existera sur la terre prophétique dans les derniers jours. (Voir : Apocal., XVII, 10, 11.) — Ce sont : Nébucadnetzar, Darius, Alexandre-le-Grand, César-Auguste, Charlemagne et Napoléon Ier. (Le pouvoir descend d'Orient en Occident comme de la tête aux pieds.) — Puis vient la septième *individualité*, qui, en faisant *coup double*, apparaîtra comme la personnalité du troisième malheur.

Chose remarquable! toutes les *individualités* qui ont paru en ce monde ont fait les plus grands efforts pour parvenir, s'il leur eût été possible, à cette position que le Démon osa offrir au Christ Lui-Même. (Luc, IV, 6, 7.) — Quelques-unes ont atteint un haut degré de puissance, mais aucune n'a pu assouvir son ambition. On dit qu'Alexandre, en étendant les bras, saisissait de ses mains les deux extrémités du monde; néanmoins cet homme pleura de ce qu'il ne lui restait plus rien à conquérir.

Il est rare que la puissance survive aux hommes les plus redoutés. Ils perdent peu à peu leur influence et leur prestige, ils tombent dans le mépris, et le pouvoir leur est ôté ou momentanément suspendu. — Tel, ce Nébucadnetzar que Dieu fit descendre au niveau de la brute. En s'approchant de cet homme et en l'examinant de près, on ne voit plus en lui qu'un mannequin recouvert d'un habit de général, et l'on se dit : « Quoi! voilà celui qui faisait si peur? Il en voulait bien la peine ! on aurait bien pu s'en débarrasser plus tôt!» — On se trompe : personne ne peut ôter le pouvoir à une *individualité* avant que le temps qui lui est assigné ne soit accompli. Il faudrait, pour cela, détruire la cause première, et nul ne saurait la détruire que Dieu seul. Mais Il le fera **bientôt !** (Apocal., XX, 1 à 3.)

Des femmes ont quelquefois rempli le rôle dont nous avons parlé : Jeanne d'Arc, par exemple. — Quoiqu'on en dise, la vie de cette femme sera toujours un problème pour quiconque ignore d'où lui était venue l'autorité. — On a vu aussi, au moyen âge, un enfant de seize ans traverser une partie de la France en prêchant la guerre sainte pour aller délivrer le tombeau de Jésus-Christ du pouvoir des Infidèles. On a vu cet enfant entraîner à sa suite une multitude d'enfants comme lui, qui allèrent périr de faim et de misère sur les bords de la Méditerranée. Quelques-uns parvinrent à s'embarquer, et l'on ne sut jamais ce qu'ils devinrent.

Parmi ces phénomènes, on remarque parfois de ces grands courants qui entraînent vers un même point les idées de toute une nation et même du monde entier. Quand un de ces courants s'arrête subitement, il peut en résulter les plus graves désordres ; et s'il se présente une autre *puissance* pour faire obstacle à celle qui domine, ou simplement pour la diriger, Dieu seul sait quelles en peuvent être les conséquences.

Parmi les *individualités*, il en est d'un ordre secondaire : je veux parler de celles qui marchent sous les ordres de plus puissantes qu'elles, et qui sont suscitées pour être leur soutien ou pour les faire triompher : Ignace de Loyola est bien fait pour les représenter. — La Société étonnante qui l'avait pour chef a conservé son esprit en continuant son œuvre sans jamais se décourager. Chassée par les gouvernements, condamnée par son Pape, dont elle est le plus ferme appui, elle se résigne et attend. Puis, semblable à un chiendent vivace et indestructible, elle reparaît sur le sol qu'elle avait dû fuir. — Certes, une telle persévérance n'est pas à dédaigner.

Cette Société a fidèlement gardé les enseignements du maître, qui avait juré sur le poignard et sur le crucifix de soutenir la Papauté et de combattre l'hérésie par tous les moyens que la réussite justifierait. — Ce boa que l'on croyait mort n'était qu'endormi : Il s'est réveillé, en ce moment, plus affamé et plus terrible que jamais. De son regard ardent, il fixe les sociétés modernes pour les enlacer de ses redoutables anneaux. Déjà il a enrôlé la Papauté et son clergé ; il a vaincu le Gallicanisme, et maintenant, il cherche de nouvelles proies. Ah ! croyez-le, sa durée n'est pas finie, et il lui reste encore une œuvre sanglante à accomplir.—Le nom qu'il a donné à ses membres,— ce nom que personne ne veut souffrir pour lui-même et qui est une ironie, comparé à celui de Jésus, le Fils de Dieu, « auquel toute puissance a été donnée dans le ciel et sur la terre », — ce nom indique assez le rôle qui est réservé au jésuitisme dans les derniers jours. (Voir : Apocal., XII, du vers. 11 à la fin du chapitre.)

Je voudrais en avoir fini avec les *individualités* ; cependant je ne puis oublier Michel Servet, l'apôtre et le martyr du matérialisme. J'en parlerai donc à cause du rôle que ses partisans sont appelés à jouer dans les temps de la fin.

« Les hommes meurent, a-t-on dit, mais leurs idées ne meurent pas.» Il en a été ainsi pour Servet comme pour d'autres.

De leur vivant, les *individualités* ne s'aiment pas entre elles. Aussi le nom de *Jean Calvin* donnait-il sur les nerfs à *Martin Luther*, et *Calvin*, de son côté, détestait mortellement *Servet*. Ce dernier, sans crédit, et se se croyant supérieur à lui, ne devait guère aimer celui qui avait fait entendre contre lui cette sinistre menace : « Si jamais Servet entre dans Genève et que j'y sois encore au pouvoir, il n'en sortira pas! » — Plus tard, en portant les regards à quelques pas de là et en voyant flamber le bûcher de cette homme, on se dit : « En effet, il n'en est pas sorti! » — Ah! il n'est pas bon de martyriser quelqu'un pour ses croyances, car c'est lui donner un droit au succès et aux représailles.

S'il l'on veut bien y faire attention, il en est des sociétés comme des individus; quand le malheur les atteint, il a souvent à sa suite un « *car il arriva* » qui a donné naissance à ce proverbe populaire : « Il n'y a rien ici-bas qui ne passe sans repasser. » — Ainsi, beaucoup de personnes voient dans la guerre malheureuse qui vient de faire tomber la France, la terrible conséquence, tant des guerres injustes de Louis XIV que de la Révocation de l'Edit de Nantes. Aussi, ô étrange coïncidence des choses humaines! ç'a été devant la statue du grand roi persécuteur que notre vainqueur a ceint sa couronne impériale.

Servet a été brûlé vif sans qu'on ait pu lui arracher une parole de rétractation, et ceux de ses partisans qui sont allés tomber à Story y sont morts, avec courage, tenant haut élevé le drapeau de leur apôtre. Le vent a emporté ses cendres, et de ses cendres il lui est sorti des milliers de sectateurs avec lesquels il faudra bientôt compter.— Disciples de Jésus, ne craignez pas Servet! car vous avez à faire à mieux que lui. Avant l'effusion de la première coupe, vous aurez les trois ans et demi de fureur de l'Antichrist, tandis que Servet ne sévira qu'à la septième. « Alors les divers corps sociaux se passeront mutuellement la coupe mortelle des rétributions. Et cela, pendant que l'Antichrist sera retenu en Orient, en présence d'un ennemi puissant dont les forces seront massées derrière l'Euphrate. (Apoc., XVI, 12).

Comment se fait-il que pour accomplir ses desseins Dieu se serve d'individualités dont le Démon se sert également pour accomplir les siens? Nous l'ignorons, et pourtant il en est parfois ainsi.

La tendance à vouloir devenir suprême est tellement enracinée dans notre nature déchue, que celui qui appelle les Individualités, ne peut avoir que l'embarras du choix; car presque partout où il se forme un groupe d'hommes pour une œuvre quelconque, aussitôt apparaît *une tête*; et même dans les événements qui se produisent ici-bas, s'il ne se présente pas d'*individualité*, le succès est douteux.— Au reste, cette disposition à la domination se trouve en toute âme non régénérée. On la remarque chez les apôtres avant qu'ils eussent reçu l'onction du Saint-Esprit. Deux frères demandent au Seigneur que, dans son royaume, Il leur permette d'être placés l'un à sa droite et l'autre à sa gauche. Reste à savoir lequel des deux aurait voulu occuper la gauche. — C'est ainsi que s'est formé et développé le Mystère d'iniquité.

III.— DE LA PUISSANCE DU DÉMON.

D'après l'Ecriture, « il n'y a pas de puissance qui ne soit établie de Dieu » (ROM., XIII, 1), et beaucoup s'emparent de cette vérité pour lui donner une fausse interprétation ; ils oublient de faire la part du Démon et ils attribuent à Dieu tout ce qui arrive.

Depuis 80 ans environ, Satan semble avoir mis tous ses soins à se faire oublier. On n'entend plus parler de celui que le Seigneur n'a cessé de représenter comme l'Adversaire de Dieu et des hommes. Aujourd'hui, tout ce qui se fait, tout ce qui excite l'admiration, tout ce qui frappe d'étonnement ou d'épouvante ne lui est plus attribué; Dieu est celui qui fait tout..... Satan a disparu. — D'ailleurs, dans ce siècle de lumière et de progrès, n'y aurait-il pas quelque honte à parler devant les savants d'un être capable d'entrer en lutte avec le Tout-Puissant et de faire ici-bas une œuvre diamétralement opposée à celle de Dieu?—Eh bien, qu'on en vienne à oublier qu'il existe un Démon qui tente et qui accuse, qui séduit les nations et « tourne autour de nous comme un lion rugissant cherchant qui il pourra dévorer » (1 PIERRE, V, 8); qu'on en vienne à attribuer toutes ses œuvres à Dieu même, et on aura détrôné moralement l'Être suprême et installé le Démon à sa place. — C'est par ce moyen que tous les Antichrists qui ont paru dans le monde jusqu'à ce jour ont obtenu leur succès.

Le Seigneur a prévenu ses disciples qu'«il viendrait un temps où les hommes, en les faisant mourir, croiraient rendre service à Dieu. » Les chrétiens de notre époque sont exposés au même aveuglement et au même danger. On n'entend sortir de leur bouche que ces mots : «Dieu l'a voulu! Dieu l'a permis! Dieu l'a fait!» — Ah ! si l'on vous envoyait une députation pour vous rendre grâce des œuvres accomplies par votre adversaire, ne vous hâteriez-vous pas de la renvoyer? — On dit aussi que « la France est tombée pour n'avoir pas assez étudié son ennemi, pour n'avoir pas assez examiné les moyens dont il pouvait disposer contre elle.» N'est-il pas à craindre que beaucoup de chrétiens de nos jours ne raisonnent ainsi?— Sans doute, toutes les nations subsistent par la volonté de Dieu, mais c'est « à cause des élus » qu'elles renferment. Sans eux, ces nations n'auraient plus de raison d'être, et la fin viendrait bientôt. — Félix Neff a dit : « Les mondains méprisent les disciples du Crucifié, et ils ignorent qu'ils ne sont supportés que « pour l'amour d'eux. »

Le jour où toutes les forces infernales seront réunies ici-bas pour livrer la dernière bataille au Seigneur Jésus, qui peut dire tout ce qui arrivera à cette époque néfaste, de laquelle il est dit : « Malheur à vous, habitants de la terre et de la mer ! car le Diable est descendu vers vous avec une grande fureur, sachant qu'il ne lui reste que **peu de temps** !» (Apoc., XII, 12.)

Pour comprendre ce qu'il pourra faire et quelle sera sa puissance quand Dieu lui permettra d'agir, il suffit d'étudier les passages de l'Ecriture qui nous parlent de lui. — Ici, la citation des deux premiers chapitres du Livre de Job aurait sa place; mais ne pouvant les reproduire, le lecteur voudra bien ne pas passer outre avant d'avoir lu ce fragment de la Parole divine; il assistera au mystérieux entretien qui s'engage entre Dieu et Satan et il entendra cet ange rebelle porter défi sur défi à son Créateur.

Dans un autre endroit de l'Ecriture, on voit le Prince des ténèbres sur la montagne de Nébo, « contestant audacieusement avec l'archange Michel, touchant le corps de Moïse. » — Plus tard, Satan s'élève contre Israël et incite le roi David à en faire le dénombrement (Voir : 1 Chron., XXI, 1), ce qui amena la mort de soixante-dix mille hommes.— Dans l'Ancien Testament, bien qu'il n'apparaisse qu'à de longs intervalles, il n'a jamais discontinué d'agir, et tous les maux qui affligèrent le peuple de Dieu furent son œuvre.— Mais c'est le Nouveau Testament qui nous le fait le mieux connaître.

A peine le Fils de Dieu fait-Il son entrée dans le monde, que Satan organise un massacre pour Le faire périr, car il sait que le Christ vient pour détruire son empire. — Au début du ministère de Jésus, le Diable s'approche pour Le tenter : il propose au Fils de Dieu un accommodement, mais à la condition que Celui-ci consente à être son inférieur; il Lui propose un règne à la façon de celui que les Juifs attendaient. Il fait plus : il offre à Jésus « de lui donner tous les royaumes du monde et leur gloire, si en se prosternant, Il l'adore;» enfin, il saisit toutes les occasions pour Lui « tendre des piéges. » Mais Jésus sort toujours victorieux de la lutte. Il triomphe de Satan en pardonnant à la femme adultère (Lire cette scène admirable dans JEAN, VIII, 3 à 11); Il triomphe, dans ses réponses à ses accusateurs, que Satan inspire; Il triomphe en tout, Il triomphe toujours. N'importe! le Diable ne Lui laisse pas de repos et Le poursuit jusqu'au bout.

Nous retrouvons Satan au dernier repas de Jésus avec ses disciples. Après avoir poussé Judas à vendre son Maître, *il demande* à Dieu qu'il lui soit permis de cribler les onze apôtres. (LUC, XXII, 31).—Quelques heures plus tard, il assaille Jésus à Gethsémané et sur la croix, au moment de sa plus grande angoisse et jusqu'à l'heure de son horrible agonie. (Voir : MATTH., XXVII, 46).

Ce n'est pas tout. La Parole sainte nous apprend que Satan a d'innombrables légions d'êtres semblables à lui, dont l'occupation consiste à séduire les hommes et à s'emparer de leurs cœurs. Ah! quand on a pour adversaire un être qui a osé contester avec le Tout-Puissant,— qui a parfois le pouvoir de se servir des éléments les plus destructeurs, tels que la foudre et la tempête, — au commandement duquel se lèvent des armées pour servir ses projets sanguinaires, — qui s'insinue partout, se mêle de tout, et qui, quant au bien, contrarie tout, on ne s'étonne plus de sa fureur ni du rôle effrayant qu'il joue dans la prophétie, surtout à la période redoutable où son règne va prendre fin.

DEUXIÈME PARTIE [1]

I. — LES SEPT TROMPETTES APOCALYPTIQUES.

Il est nécessaire tout d'abord de remarquer que les Trompettes, comme les sceaux, ont dû se suivre dans leur ordre numérique, c'est-à-dire que le 7e sceau n'a pu être délié avant le 1er, et ainsi de suite. Cependant, la durée de chacune des périodes indiquées par les Trompettes est inégale, et quelques-unes accomplissent

1 Nous regrettons vivement que l'Auteur ait traité ce paragraphe et le suivant, qui sont les plus importants de son livre, avec si peu de développements, et par suite, avec moins de précision et de clarté.

Nous recommandons chaleureusement à ceux qui voudront méditer avec fruit le Livre des RÉVÉLATIONS de St-Jean, de se procurer un livre excellent que M. le pasteur A. Henriquet vient de publier récemment sous ce titre : L'APOCALYPSE OU RÉVÉLATION DE JÉSUS-CHRIST, BRIÈVEMENT EXPLIQUÉE PAR L'ECRITURE ET PAR L'HISTOIRE.— C'est un livre précieux qui jette de vives clartés sur plusieurs points obscurs de la Prophétie.

On peut se le procurer : LIBRAIRIE BONHOURE, 204, RUE DE RIVOLI, PARIS, au prix de 3 francs 50 cent.   L.-F. G.

leur temps ensemble. Ainsi, nous voyons la 3ᵉ Trompette et la 4ᵉ d'une part; de l'autre, la 5ᵉ et la 6ᵉ; nous les voyons, dis-je, exercer leur pouvoir ensemble sur l'étendue de *la terre prophétique.*

De quelque manière que l'on interprète les événements que chacune de ces périodes renferme, nul n'a le droit de les changer de place, car elles sont pour les élus des poteaux indicateurs plantés par Dieu même.

La *1ʳᵉ Trompette* (APOCAL., VIII, 6 et 7) désigne la période des guerres qui conduisirent rapidement l'Empire Romain à sa ruine. *La seconde* (vers. 8) est le renversement de cet Empire, comparé à « une grande montagne tout en feu jetée dans la mer.» La *3ᵉ Trompette* (vers. 9 à 11) fait paraître soudain « une grande étoile, dont le nom est *Absinthe* » : c'est l'étoile papale. Elle est « ardente comme un flambeau et tombe du ciel sur une partie de l'espace qu'occupait « la grande montagne » disparue. (vers. 8). — Quelle doit être la durée de cette étoile? Dieu le sait! toujours est-il qu'elle trouble les eaux, et loin de les adoucir par sa durée, les rend de plus en plus amères. Aujourd'hui, comme au son de la 4ᵉ trompette (vers. 12), elle projette ses sinistres lueurs sous un ciel obscurci par la perte d'un tiers de sa lumière. — La *4ᵉ Trompette,* ou trompette de ténèbres, succède à la précédente, mais leurs effets sont comme confondus. Voilà pour ce qui concerne l'Empire Romain jusqu'à la 7ᵉ Trompette.

Pour achever le tableau de la prophétie, viennent les trois Trompettes de « malheur! » Ce sont : La 5ᵉ *Trompette* (étoile mahométane ou sarrasine), qui est suivie de la 6ᵉ Trompette (ou étoile turque). (Lire : APOC., IX, 1 à 11 ; 12 à 21). — — La 7ᵉ *Trompette* clôt la série des « malheurs) et sonne la délivrance de l'Église. (Voir : *Id.,* XI, 15 à 17.)

Quoique les Sarrasins aient disparu depuis longtemps comme puissance politique, l'étoile de Mahomet brille encore, mais elle passera à son tour.—Ainsi disparaissent « les royaumes du monde et leur gloire» sur cette terre de malédiction et de péché. Quand une nation a fait son temps et que Dieu cesse de la protéger, Satan s'en empare; il excite les nations les unes contre les autres jusqu'à ce qu'elles soient détruites les unes par les autres.

Arrêtons-nous quelques instants à la *6ᵉ Trompette* (APOC., IX, 12 à 21), laquelle annonce « le second malheur.» Après qu'elle a sonné, « les sept tonnerres font entendre leur voix. » (Chap. X, 3). — Ce sont assurément sept grands événements, représentés par la foudre à cause de leur rapidité et de leur puissance, et dont la plupart ont dû avoir lieu pendant la décroissance de la domination des Turcs.

Il y a de l'obscurité touchant la prophétie pendant la durée des « sept tonnerres » (X, 4). Le Seigneur ne nous en ayant pas *révélé* les effets, nous devons respecter ce silence ; mais il ne s'ensuit pas de là qu'ils n'aient pas eu lieu. — J'ai même quelques raisons de croire que cette période est comprise entre la Réformation et le « grand tremblement de terre, » mentionné au vers. 13 du chapitre XIe.

« Le second malheur est passé, voici le troisième malheur qui viendra **bientôt.** » (Apoc.,XI,14). — Ce troisième malheur est encore à venir, et nul ne doit l'interpréter dans le passé. En agir ainsi, ce serait imiter l'écrivain qui, en relatant l'histoire de ces dernières années, ferait passer les événements de 1872 avant ceux de 1870, ce qui serait tout simplement absurde.

Les choses dont nous avons parlé jusqu'à présent sont des faits que l'histoire enregistre ; mais il est une partie de la Révélation que cette histoire ne saurait enregistrer, car elle n'a point encore pris de place dans le temps. Quand le moment sera venu, les élus seuls sauront la discerner. — Le chapitre X, versets 5 à 11, nous en fournit un exemple particulièrement frappant : « L'Ange jure par Celui qui vit aux siècles des siècles qu'au jour que le septième ange sonnerait de la trompette, *il n'y aurait plus de temps,* c'est-à-dire, que la mystérieuse patience de Dieu aura pris fin. — Ainsi, quant aux périodes qui ont précédé la septième Trompette, le temps de leur durée n'ayant pas été déterminé, Dieu pouvait les prolonger selon ses desseins de miséricorde (2 Pierre, III, 15) ; mais à la septième Trompette, Il n'accordera *« plus de temps ! »* sa patience aura pris fin. Il avait accordé du temps « à cause de ses élus, » maintenant, « à cause d'eux, » Il va l'abréger.

Dès lors, les événements vont d'une marche rapide jusqu'à la consommation de la misère et du péché, où tout ce qui a été prédit devra avoir son accomplissement. L'Ange l'« a juré, » et le Seigneur a dit : « Ces paroles sont véritables et certaines.»

Plus bas, (Apoc.,X,8) « l'Apôtre prend un petit livre de la main de l'Ange et le dévore. Dans sa bouche, il est doux comme le miel, mais dans son ventre, il lui cause de l'amertume. » — Cette partie avancée de la Révélation (entre la sixième et la septième Trompette) est contenue dans un Livre. Ce Livre ne peut être, comme plusieurs l'ont cru, le Nouveau Testament dans son entier, mais plutôt l'Apocalypse, dont l'étude a été si négligée jusqu'à présent. — Pourtant ce livre a eu et aura toujours plus d'importance. Quand la force des événements obligera les Chrétiens à y chercher quels sont les commandements que Dieu leur a donnés pour cette période redoutable (*Id.*, XIV, 9 et 10), ils éprouveront que, si d'un côté il est doux et rassurant de connaître le conseil de Dieu à cet égard, de l'autre, ils ne pourront oublier l'amertume des cruelles douleurs qui les attendent. Il leur faudra alors une vie chrétienne nouvelle, ou plutôt celle des élus de la période apostolique, ainsi que la connaissance de la Révélation pour le témoignage qu'ils auront à rendre. « *Car le témoignage de Jésus, c'est l'esprit de prophétie.* » (*Id.*, XIX, 10.)

Il est d'autres passages qui parlent d'événements futurs, auxquels on ne saurait assigner de place à l'avance, parce qu'ils sont anticipés sur un temps à venir.

Tel est le verset 17 du chap. XIe, où il est dit: « Nous Te rendons grâce, Seigneur, Dieu Tout-Puissant, Qui es, Qui étais et Qui seras, de ce que Tu as fait éclater ta grande puissance et *de ce que Tu es entré dans ton règne.* » — Ces paroles étaient prononcées avant le premier événement de la septième Trompette; aussi ne puis-je admettre qu'il s'agisse ici de l'établissement du règne de Christ, et cela pour une raison bien simple : C'est que, si la septième Trompette annonçait, à son début, l'établissement du règne de Christ, elle ne serait pas appelée « la Trompette du troisième malheur. »

Au reste, à la veille du retour du Seigneur, quand la majeure partie des événements que contient cette période sera passée, on entendra pour la seconde fois ces mêmes paroles : « Alléluia ! Car le Seigneur Tout-Puissant est entré dans son règne ! » (Apoc., XIX, 1 à 6) Et cela, avant le combat gigantesque d'Armageddon. (XVI, 16).

Il en est de même de la chute de Babylone. Au 8e verset du chapitre XIV, on lit ces paroles : « Elle est tombée ! elle est tombée ! Babylone, cette grande ville, parce qu'elle a fait boire à toutes les nations du vin de la fureur de son impudicité. » — Et au 2e verset du chap. XVIII, on entend encore les mêmes paroles : « Elle est tombée ! elle est tombée, la grande Babylone ! »

Cependant, entre ces versets, il devra s'être passé de grands événements, tels que la moisson et la vendange (chap. XIV, 15 et 18); puis les sept coupes, dont la dernière accomplit la ruine de la grande ville. — Nécessairement, tout cela devra prendre un certain temps, ce qui prouve bien réellement que ces paroles sont anticipées sur un temps à venir, comme aussi cela nous assure que *leur accomplssement est certain.*

Il faut observer enfin, que dans le récit de plusieurs événements, les versets qui le composent ne font pas absolument une suite. En voici un exemple : Au chapitre XXe, vers. 11 à 15, il est parlé en même temps du jugement dernier et de l'avenir réservé à notre terre.—Remarquez d'abord que le verset 11 ne contient que le commencement et la fin du récit. Je cite : « Alors, « je vis un grand trône blanc, et Quelqu'un assis dessus, « devant Qui les cieux et la terre s'enfuirent, et on ne « les trouva plus. »—Il est clair que les versets suivants doivent avoir leur place entre l'apparition du grand trône blanc et la disparition de notre terre.

Voici dans quel ordre ces choses se présentent à l'esprit : « Alors, je vis un grand trône blanc, et Quelqu'un assis dessus... » (vers. 11). « Et la mer rendit les morts qui étaient en elle, et chacun fut jugé selon ses œuvres. » (vers. 13).....« Je vis aussi les morts, grands et petits, qui se tenaient debout devant Dieu; et les livres furent ouverts; et on ouvrit un autre livre, qui est le Livre de vie, et les morts furent jugés selon leurs œuvres, par ce qui était écrit dans les livres. » (vers. 12)... « Et la mort et le sépulcre furent jetés dans l'étang de feu : c'est la seconde mort, (verset 14)... « Et quiconque ne fut pas trouvé écrit dans le Livre de vie fut jeté dans l'étang de feu. » (verset 15)... « La terre et le ciel s'enfuirent, *et on ne les trouva plus !*... (vers. 11; MARC, XIII, 31).— Tel est le drame terrifiant qui doit s'accomplir à la fin du millénium.

Résumons ce qui précède : D'abord, le trône blanc se dresse, et la voix puissante de Dieu appelle en jugement tous les méchants depuis Caïn jusqu'alors, comme aussi les justes qui avaient vécu pendant le millénium. (Car, d'après 1 THESSAL., IV, 13 à 18, il y aura déjà eu, à la venue de Jésus, avant le règne de mille ans, une première résurrection, à laquelle auront eu part tous les justes, depuis Abel jusqu'au dernier élu de la période chrétienne.)— Puis, la mer et la terre rendent leurs morts, lesquels se tiennent debout devant Dieu... Les livres sont ouverts, et quiconque n'est pas trouvé écrit dans le Livre de vie est jeté dans l'étang de feu, où sont déjà la bête et le faux prophète,—avec les méchants hommes qui se rebellèrent contre Moïse et qui furent engloutis à la vue de tout un peuple, — avec les habitants de Sodome, de Gomorrhe, et ceux des villes voisines, qui furent mis en exemple, « en souffrant la peine du feu éternel. »... C'est là « la seconde mort ! »

La prédiction de St-Pierre (2ᵉ Épître, chap. III, vers. 7 et 10 trouve ici sa place : « Les cieux et la terre d'à présent sont gardés par la même Parole, et réservés pour le feu, au jour du jugement et de la destruction des hommes impies. » Mais « le jour du Seigneur viendra comme un larron vient durant la nuit; et en ce jour, les cieux passeront avec le bruit d'une effroyable tempête, et les éléments embrasés seront dissous, et la terre sera entièrement brûlée avec tout ce qu'elle contient.» Soudain, toute trace de végétation disparaît : c'est la mort...!!!.... A la voix du Tout-Puissant, la terre s'ébranle, quitte sa place, s'éloigne, fuit encore, fuit toujours sans s'arrêter; elle fuit hors de la société des mondes, parmi lesquels sa place ne sera plus trouvée; elle fuit, emportant avec elle damnés et damnables, loin, loin, dans les ténèbres de dehors, où le Démon règnera sur eux sans contrôle DURANT TOUTE L'ETERNITÉ !!! Voilà ce que la sagesse de Dieu nous enseigne.

Lecteur, si vous avez des êtres inconvertis que vous aimiez autant que votre propre vie, regarde-les! Et si vous ne pouvez supporter la pensée d'une douloureuse et éternelle séparation, oh! alors, priez, priez, priez pour eux !!!...

Mais d'abord, vous-même, **êtes vous prêt?** Il faut que vous vous décidiez à faire votre choix. Deux maîtres se présentent à vous; il faut que vous apparteniez à l'un ou à l'autre. Il n'y a pas de milieu : l'état *neutre* n'existe pas pour l'homme; ou, s'il existe, il est dans la liberté que Dieu lui a donnée, et que Satan même ne pourra jamais ravir à l'humanité. Cette liberté, que Dieu n'a cessé de respecter, consiste en ceci : Le oui, ou le non; accepter, ou refuser; aimer plus, aimer moins, ou ne pas aimer du tout; en un mot, c'est la liberté du choix.

L'homme est une créature libre et responsable. Son bonheur ou son malheur éternel dépend de lui. Quoiqu'il soit incapable par lui-même de faire le bien, Dieu lui a donné la faculté de pouvoir, comme l'Israélite au désert, diriger son regard suppliant sur le serpent d'airain : (ESAÏ, XLV, 22). Et quand il le fait, il appartient à Dieu : — Le Père l'appelle, le Fils le gracie, le Saint-Esprit le sanctifie.

Mais du côté du Démon, il n'y a rien à choisir; tous ceux qui ne veulent point avoir de part au salut tombent infailliblement sous sa domination; tandis que Jésus « ne met dehors aucun de ceux qui vont à Lui.» — Dans ce sens donc, la neutralité n'est pas possible pour l'homme : il doit choisir entre Dieu et Satan, entre le ciel et l'enfer.

La maison de Dieu n'a jamais contenu d'esclaves, les portes en sont toujours libres. C'est le Père qui, à la demande de son fils prodigue, lui donne sans observation la part de son héritage. C'est encore le Père qui, à la vue de son fils coupable, mais humilié et repentant, lui tend les bras, le reçoit sans aucun reproche et se réjouit de son retour.

Tandis que le Démon n'a pas, chez lui, d'êtres libres. Quand un des siens lui échappe, il emploie tous les moyens dont il peut disposer pour s'en emparer de nouveau. Et une fois dans l'enfer, son ténébreux domaine, on n'en peut jamais, jamais sortir !!!

Voilà l'être auquel les élus de Dieu auront **bientôt** à faire. Ah! si les hommes pouvaient comprendre ces choses, ils ne seraient pas si empressés pour tresser des couronnes de laurier et de fleurs à notre pauvre humanité !

II.— Evénements produits par le son des trompettes.

Revenons au chapitre XIe.— Comme je l'ai déjà fait remarquer, le récit que renferment les douze premiers versets est anticipé et appartient au *3e malheur*, tandis que les versets 13 et 14 appartiennent au *second*. Ainsi, Apocal., XI, 1 à 12 et le chap. XII tout entier devraient être lus entre les chap. XIII et XIV, et même encadrés dans le XIIIe, si cela était possible.

Il faut considérer que les événements que contiennent les versets ci-dessus doivent avoir lieu dans un même laps de temps : Ce sont les *42 mois*, ou les *1260 jours*, ou encore, les trois ans et demi, désignés ailleurs par ces mots : « *un temps, des temps et la moitié d'un temps.* » (Daniel, XII, 7.)

C'est alors que Dieu suscite *deux témoins*, ou deux Eglises, ayant à leur tête deux individualités remarquables. (Lire : Apoc., XI, 3 et 4). C'est à Jérusalem que se passe cette scène (vers. 8), et tout cela pendant le règne de l'Antichrist (vers. 7.) — Les versets 13 et 14 du chap. XI, doivent faire suite au vers. 4 du chap. X. Mais les vers. 16, 17, 18 et la moitié du 19e, de quelque manière qu'on les interprète, sont pour les enfants de Dieu ce qu'a été l'ange pour le Seigneur en Gethsémané, c'est-à-dire, une consolation et une force.— Enfin, la dernière partie du vers. 19 est le premier événement de la 7mo Trompette ; c'est un événement analogue à celui de 7me coupe (XVI, 17-21), avec cette différence, que le premier est sans résultat, tandis que le second en aura d'incalculables !

C'est entre ce premier événement et la première coupe que devra s'accomplir le drame sanglant des *douze cent soixante jours* d'ivresse de « la femme à la coupe d'or » (XVII, 4).— Ainsi, le grand tremblement de terre du chapitre XI, vers. 13, clôt la série des sept tonnerres, comme aussi il finit la durée de la 6e Trompette, ou *second malheur* (XVII, 12 à 16 ; IX, 12).

Puis la 7e Trompette sonne et annonce que la dernière période de « malheur » est commencée, mais on ne pourra la reconnaître qu'à l'événement indiqué à **la seconde moitié du vers. 19.—Et comme les versets**

qui séparent le son de la 7ᵉ Trompette de cette seconde moitié sont des choses célestes qui ne prennent
point de place ici-bas, on peut les considérer comme
étant du même verset. Là encore, c'est un tremblement
de terre (ou guerre), mais qui n'est pas de la même
nature que celui mentionné au vers. 13.

Ici se présente une question : Quand une période
est achevée et qu'une nouvelle commence, l'ancien état
de choses est-il immédiatement détruit, ou conserve-t-
il encore quelque apparence de durée?—Il dure ordi-
nairement encore un peu de temps, bien que la nouvelle période soit commencée. En voici un exemple :
Nous trouvons ces paroles à la fin de la période
Sarrasine : «Voilà un malheur passé ; en voici deux autres qui viennent *après*. » (IX, 12.) Il y a donc eu
un certain temps d'attente, pendant lequel cette puissance pouvait encore avoir une apparence de vie,
mais à laquelle l'ange *Apollyon* ne devait plus prêter
son concours.— Puis, les quatre anges (ou les quatre
Sultanies) liés sur les bords de l'Euphrate sont déliés
(vers. 14-15) ;dès lors, commence l'effet du « second
malheur. »
On fait la même remarque dès l'entrée de la 7ᵉ
Trompette : « Le second malheur est passé; voici le
troisième malheur qui viendra *bientôt*. » Ce mot,
« bientôt », indique que les événements vont se préci-
piter. (C'est ce que l'on remarque de nos jours). —
Le second malheur a fini par un ébranlement qui a fait
tomber la dixième partie de la terre prophétique. La
7ᵉ Trompette commence par un nouvel ébranlement,
qui, quoique sans résultat, ressemble à celui qui doit
venir à l'effusion de la septième coupe, lequel mettra
Babylonne en ruine.
Cependant, à cet endroit de la RÉVÉLATION, l'ancien
état de choses a pu encore conserver une apparence
de durée, jusqu'à ce qu'enfin arrive l'événement mentionné au premier verset du chapitre XIII. — Alors
commencera l'effet du *3ᵉ malheur*, c'est-à-dire, l'apparition d'une personnalité, qui en relevant la dixième partie de la terre prophétique, tombée par le grand ébranlement qui a clos la seconde période de malheur,
frappera d'étonnement et d'admiration « tous ceux donc
les noms ne sont pas écrits dans le Livre de vie dès la
création du monde.» — Cette apparition fera surgir les
terribles événements décrits dans les douze premiers
versets du chapitre XI, lesquels auront leur accomplis-
sements **dans un avenir très-prochain.**

Maintenant, je m'arrête.....Que le Seigneur veuille
donner « l'esprit de prophétie » à beaucoup de ses

enfants, pour les affermir dans la vérité et les rendre inébranlables dans le témoignage qu'ils auront à Lui rendre! Car il est écrit que « pas un des méchants n'aura d'intelligence, mais que les intelligents comprendront. » (DANIEL., XII, 10.)

Ah ! quand on aperçoit, comme Coligny, des tâches de sang sur un tapis vert et que se dresse devant les yeux le hideux *sceptre Barthélémique,*—quand on a vu tomber subitement, et comme froudroyée, l'une des plus fortes *des* SEPT *nations latines,* mortellement blessée au corps, au cœur et à la tête,—il est temps, ce me semble, de regarder vers l'horizon pour voir monter ce qui doit en sortir.

Après la terrible guerre dans laquelle deux grandes nations viennent de répandre des torrents de sang, au lieu de mêler nos voix au chant de triomphe du vainqueur ou au gémissement des vaincus, (actes dans lesquels il entre toujours des sentiments de haine ou de vengeance), agenouillons-nous sur la cendre et prions, **car les temps se hâtent !**—(Comparer LUC, IV, 6 et 7, avec APOCAL., XIII, 4.)

Que nous apporteront les événements futurs ? Nul ne saurait le dire. Quoiqu'il soit, **tenons-nous prêts** pour les jours d'épreuve, car le Démon, cet être si étrangement énergique, ne se laissera pas enchaîner sans faire d'horribles bonds.

III.— ÉVÉNEMENTS SE RATTACHANT AUX SEPT TROMPETTES.

---

§ 1.— Satan expulsé du Ciel.

Pour faciliter l'étude du sujet qui nous occupe, il eût fallu la commencer par les chap. XIIe et XIIIe, car sans l'accomplissement des choses qui y sont écrites, celles qui sont contenues dans les précédents deviennent inexplicables et même impossibles.

Mais il est un événement mentionné au chap. XII, vers. 7 à 9, qui doit avoir la première place : c'est l'expulsion du Ciel de Satan et de ses anges, car l'on ne peut placer ce fait qu'avant les « trois ans et demi », accompli dans les chapitres XI, XII, et XIII. (Voir, en particulier, les vers. 13 et 14 du chap. XIIe).

La chute du Démon et de ses anges, chassés du Ciel et refoulés sur notre terre, doit être un événement considérable qui aura des résultats immenses. — D'abord, en tombant, il entraîne avec lui la troisième partie *des étoiles* et les jette par terre. Certes, aucun de nous ne doit s'attendre à voir tomber une pluie d'étoiles, car ce que ces étoiles symbolisent sont des agents religieux, bons ou mauvais. Aussi est-il dit : « Les sept étoiles que tu as vues dans ma main droite sont les sept anges des sept Eglises.» (Apoc., I, 20). Le Seigneur s'appelle Lui-Même : « L'Etoile brillante du matin.» — Par contre, à la 3e et à la 5e Trompette, sont tombées « deux étoiles », que nous connaissons déjà pour être deux agents religieux. L'Antichrist, lui aussi, est appelé *une étoile*. — Ainsi, ces étoiles entraînées par le Démon seront des ecclésiastiques (peu importe la dénomination à laquelle ils appartiennent), qui s'attacheront au système nouveau que le Diable apportera sur la terre avec les insignes dont il revêtira l'homme de son choix. (2 Thessal., II, 3 à 10.) Et ce sera dès ce temps-là que commencera « l'heure de la tentation qui doit venir sur tout le monde pour éprouver les habitants de la terre. » (Apoc., III, 10).

L'expulsion du Démon et de ses anges des sphères célestes est un événement unique dans l'histoire de l'univers, et la limite de la longue patience de Dieu. Tout ce qui s'est fait jusqu'à ce jour, les choses connues et inconnues, a eu pour but notre rédemption et la disparition de l'assemblée des mondes de cet être méchant et puissant, dont la présence sème partout la douleur et la mort. Ne serait-il pas puéril de placer les limites de la mystérieuse patience de Dieu seulement entre la chute d'Adam et la venue du Seigneur, et plus encore entre la fin de la période apostolique et la fin de l'Économie actuelle? N'est-il pas évident que pour l'Éternel, aux yeux duquel « mille ans sont comme un jour, et un jour comme mille ans », cet espace serait bien court en comparaison de l'Eternité sans bornes? Il faut donc trouver une autre cause à cette patience. Elle doit remonter bien au-delà de la création de ce monde, et cette cause, nous ne pouvons la trouver que dans la révolte des mauvais anges.

Il est certain qu'il fut un temps où la plus parfaite harmonie régnait dans tout l'univers. Tous les êtres, animés et inanimés, louaient l'Éternel à l'unisson, alors « que les étoiles du matin , se réjouissaient ensemble et que les fils de Dieu chantaient en triomphe ». (Job., XXXVIII, 7.) — Satan a dû chanter aussi avec ses anges, car alors, « il était un chérubin oint pour protéger; il était établi dans la sainte montagne de Dieu, il marchait au milieu des pierreries éclatantes comme le feu. Il était parfait dans ses voies, depuis le jour qu'il fut créé jusqu'à ce que la perversité fut trouvée dans son cœur.» (Ezéchiel, XXVIII, 14 et 15).

— Dès ce moment, Dieu eut un adversaire, et toutes ses créatures un ennemi.

L'époque du commencement de la révolte du Démon nous est inconnue, car elle se perd dans la nuit des âges. N'importe, depuis, il n'a cessé d'être en lutte contre l'Eternel et d'entretenir le trouble dans la création tout entière, et il fallu que le Fils de Dieu souffrît « pour réconcilier toutes choses avec Lui, tant celles qui sont dans les cieux que celles qui sont sur la terre ».

L'on sait, aujourd'hui, qu'avant l'apparition de l'homme, les créatnres qui peuplaient la terre et l'abîme des mers s'entre-déchiraient. Alors donc, la frayeur, la souffrance et la mort existaient déjà, ce qui semble être en opposition avec l'amour de Dieu qui les avait créées. Et maintenant encore, toutes les créatures, grandes et petites, viennent à la vie tout armées, avec l'instinct de l'attaque et de la défense, bientôt prêtes à la lutte, et connaissant parfaitement leur ennemi sans jamais l'avoir vu auparavant.

L'homme lui-même est serré entre deux puissances : celle de Satan et celle de Dieu. Il faut qu'il reçoive de l'une ou de l'autre ce qui fera son caractère, ses goûts, son énergie, sa vie enfin. Et comme il naît dans l'état de chute qu'Adam lui a légué, il a absolument besoin de passer par une nouvelle naissance du cœur pour avoir part à la vie qui est en Jésus-Christ (2 Cor., V, 17.)—Dès lors, il recevra de Dieu ce qui fera de lui « une nouvelle créature » mais sans cela, il conservera les premières tendances que l'on remarque déjà chez les tout jeunes enfants, c'est-à-dire, des mouvements d'impatience, de colère et de méchanceté, qui ne font présager rien de bon.

Pourquoi cette disposition chez tous les êtres à s'irriter ou à se donner la mort? Certes, il y a là un profond mystère. Il faut bien qu'il se soit produit autrefois un trouble, un désordre, une révolte enfin, pour que nous voyions tant de contradictions sous la domination du Dieu d'amour et de paix, telles que: guerres et déchirements, agonie et mort.

Ce que nous savons, « c'est que toutes les créatures ensemble soupirent et sont comme en travail jusqu'à maintenant, et non-seulement elles, mais nous aussi, qui avons reçu les prémices de l'Esprit, nous-mêmes, nous soupirons en nous-mêmes, en attendant l'adoption, savoir : la rédemption de nos corps....... Car ce n'est pas *volontairement* que les créatures sont assujetties à la vanité (et à la servitude de la corruction), mais *c'est à cause de celui qui les y a assujetties.* » (Rom., VIII, 19 à 23.) — Qui est-ce qui les y a assujettis?— Dieu? Non ! — Le Démon? Oui.— Mais la fin de sa puissance **est proche**, comme la Révélation nous l'a fait connaître, et nous devons nous en réjouir. **Bientôt** notre terre, qui a servi de théâtre au drame inouï de ses derniers exploits, cette terre, dis-je, après avoir été son royaume, deviendra son tombeau.

Beaucoup de Chrétiens ont la ferme assurance que l'état de choses actuel va cesser pour faire place au bonheur et au repos ; car Dieu, dont une pureté infinie constitue l'essence, « a payé la rançon par Lui-Même » en Jésus-Christ.—Ainsi, l'œuvre de la rédemption par le Fils de Dieu ne concerne pas seulement l'humanité, mais l'univers entier.

Nous n'aurons pas toujours devant nous le spectacle terrifiant d'hommes se faisant la guerre, ou d'êtres qui, par méchanceté, par ruse ou par besoin, s'entre-déchirent et se tuent; mais le temps vient, où l'on fondra les armes meurtrières pour en faire des instruments d'agriculture, et où toutes les créatures obtiendront un adoucissement à leurs maux, en attendant leur pleine délivrance. — En ce temps-là, « le lion mangera de l'herbe avec le bœuf; le loup et l'agneau paîtront ensemble; la poussière sera la nourriture du serpent, et l'enfant qui tette pourra mettre sa main au trou du basilic (Esaïe, II, 4; XI, 6 à 10; Michée, IV, 3); car alors, « le Diable sera enchaîné pour mille ans. » (Apoc., XX, 2.) Mais avant d'être vaincu, il fera de terribles efforts, et dans les dernières luttes qu'il soutiendra contre Christ et les siens ici-bas, —au temps de la septième Trompette, au 3e malheur et avant d'être enchaîné et jeté dans l'abîme, — il accumulera sur la tête des enfants de Dieu d'ineffables douleurs; ils devront passer alors sur les traces de leur bien-aimé Sauveur, avoir comme Lui leur Golgotha, leur martyre et leur mort, mais aussi leur résurrection et leur ascension.

---

§ 2. — Le Mystère d'iniquité.

Le Mystère d'iniquité, dont parle l'apôtre St-Paul, (2 Thessal., II, 7) n'a été consommé qu'après avoir passé par trois périodes successives, savoir : Le Pastorat exclusif ou *le Diotréphisme*, le Métropolitanisme et le Papisme.

Première Période. — Au temps de la période apostolique, le Saint-Esprit nourrissait Lui-Même les assemblées en répandant sur elles ses dons en abondance. Il faisait prier celui-ci, chanter celui-là, prophétiser un troisième, et ainsi de suite, selon les besoins spirituels de chacun. Si bien, que lorsqu'un étranger était parmi eux, le Saint-Esprit s'adressait à lui par le moyen d'un disciple et lui manifestait ses pensées et l'état de son cœur. Celui-ci, convaincu que Dieu était là, se prosternait sur sa face et adorait Dieu.

Mais bientôt, on voulut tout réglementer, sans doute sous prétexte d'ordre. On méconnut l'utilité des fonctions des apôtres, *parmi lesquels les Androniques et les Junias étaient considérables* (Rom., XVI, 7.) On méconnut l'utilité des prophètes, des évangélistes, des pasteurs, des docteurs (Ephés., IV, 11), et de plusieurs autres. On remplaça le fond par la forme. — Expulsé des assemblées, l'Esprit de Dieu se tut et la science humaine parla. Aujourd'hui, nous en voyons les conséquences. Bénissons le Seigneur de ce qu'Il n'a pas discontinué son œuvre pour prix de cet outrage.

Pour l'amour de la vérité, il faut bien le dire, un homme, si capable qu'il soit, ne connaissant pas les cœurs, ne saurait faire, dans une assemblée, une œuvre aussi difficile que celle du St-Esprit, surtout quand cet homme vient s'y placer comme un canal obligé par où cet Esprit devra passer. Ainsi, tous ceux qui s'y présentent dans une telle disposition attirent sur eux ce reproche de l'Eternel : « Ils courent où Je ne les ai point envoyés; c'est pourquoi, ils n'apportent aucun profit à ce peuple. » (Jér., XXIII, 32.)

En effet, comment un homme seul pourrait-il subvenir à des besoins si divers? Est-ce ainsi que le Seigneur a organisé les assemblées? Non.—Le Saint-Esprit communiquait ses dons à tous pour l'édification de tous, ce qui produisait la vie, le mouvement et la richesse dans les assemblées. Mais si un homme n'a que sa science à lui, quel bien fera-t-il avec son formalisme le mieux calculé et ses sermons le mieux préparés?

Ici, se trouvera un enfant de Dieu, dont le cœur déborde de la joie du Saint-Esprit et prêt à éclater en chants de triomphe; là, à côté, est son frère, brisé par l'épreuve et la douleur, et de son cœur est prêt à s'échapper un sanglot; tandis que, plus loin (et c'est le plus grand nombre), seront ceux qui viennent se placer sur leur siége accoutumé, aussi froids et aussi durs que l'épitaphe d'une tombe. Dans ces trois catégories, quelle différence de caractères, de capacités et de besoins!

Pasteurs!—si aujourd'hui, vu l'état actuel des choses, la situation vous semble irrémédiable, cherchez au moins à connaître les besoins spirituels de chacune des brebis qui composent votre troupeau, afin que vous puissiez donner tous vos soins à ces brebis dont vous avez *volontairement* pris la charge. « Car, voici le temps auquel le jugement de Dieu doit commencer par Sa

Maison » (1 PIERRE, IV, 17), et il vous sera demandé un compte rigoureux. (EZÉCH., XXXIV, 14; HÉBR., XIII, 17.)

IIe ET IIIe PÉRIODE.— Les deux dernières périodes du Mystère d'iniquité se tiennent de près et se complètent. Dans l'une comme dans l'autre, l'homme usurpe l'autorité et les attributs de Dieu : l'organisation de l'Eglise entre alors dans la voie de l'absolutisme et de la domination. On établit pour toute la Chrétienté cinq grandes métropoles ou Eglises centrales, devant être comme autant de soleils, autour desquels graviteraient une multitude d'Eglises, leurs satellites.

L'Eglise métropolitaine, timide à son début, fut sanguinaire à 'la fin et remplit sa coupe de sang et de souillure. Néanmoins, le Métropolitanisme n'a pas eu à son service, comme plus tard le Papisme, un outillage complet et perfectionné pour tous les genres de tortures: donjons, chevalets, tréteaux, tenailles, réchauds, souterrains à oubliettes, catacombes, etc.; il n'a pas connu l'art raffiné d'exercer la cruauté, que Rome étudia et pratiqua avec le plus grand soin durant de longs siècles.

Il n'est pas inutile de décrire ici l'esprit infernal de l'homme qui était chargé de conduire l'interrogatoire, dans le but de déférer le malheureux accusé au sombre tribunal de l'Inquisition. — Laissons parler Robinson, auteur anglais :

« Indépendamment des châtiments infligés par le Saint-Office (!), on peut affirmer en toute vérité, dit-il, qu'il est une école de vices. Là, le juge artificieux, qui a vieilli dans les habitudes de la subtilité, seul avec son rusé secrétaire, met en œuvre toute son adresse en interrogeant son prisonnier pour établir une accusation d'hérésie. Tantôt il caresse, tantôt il menace; un moment il flatte, un autre il paraît sombre et irrité; quelquefois il affecte d'être touché et de prier; d'autres fois, il insulte et il querelle; il parle de tortures, de donjons, de flammes et de la damnation de l'enfer. Tantôt il passe la main sur son cœur et répand des larmes; il assure, il proteste qu'il ne désire point la mort du pécheur mais plutôt sa conversion et sa vie, et qu'il fera tout ce qu'il peut pour le soulagement et même pour le bonheur de son frère incarcéré. Tantôt enfin, il se montre sourd comme un rocher, faux comme le vent et cruel comme le poison de l'aspic... »

Assez! Et qu'on ne dise pas que ce ne fut qu'un accident passager pendant la vie de quelques-uns de ces *dieux visibles* dont l'histoire étonne, épouvante ou dégoûte, non! car pour faire abandonner au Papisme ses instruments de torture, il a fallu que les événe-

ments vinssent les lui arracher des mains; ce qui le
fait crier maintenant à la persécution.

L'Eglise romaine et l'Eglise métropolitaine, semblables à deux sœurs jumelles, ou à deux arbres prove-
nant de la même racine, furent nourries de la même
sève et portèrent les mêmes fruits. Celle-ci, s'appuyant
sur le bras séculier, employa le fer et le gibet pour
mettre à mort les disciples de Jésus dès les premières dissidences, et l'on vit se renouveler les scènes
de massacre et de persécution des Galère, des Maxi-
min, des Licinius et des Dioclétien.

Dans la seconde période, le sang continue à couler
mais elle est surtout fertile en doctrines nouvelles et en
stériles débats : On coupe un cheveu en quatre et
même en huit sans jamais parvenir à s'entendre, jusqu'à ce qu'enfin les disciples de Mahomet surviennent
et font, pour un temps, oublier toutes les discussions.

Certes, il fallut que leurs péchés fussent bien grands
et bien nombreux pour obliger l'Eternel à laisser venir
de tels désastres sur cette multitude d'Eglises d'une im-
mense contrée christianisée! Le Seigneur nous a laissé
la copie d'une partie de leur dossier dans le chapitre
IX⁰ de l'APOCALYPSE, vers. 20 et 21. Le voici : « Et le
reste des hommes qui ne furent pas tués par ces plaies
ne se repentirent pourtant pas des œuvres de leurs
mains pour cesser d'adorer les démons et les idoles
d'or, d'argent, d'airain, de pierre et de bois, qui ne
peuvent ni voir, ni entendre, ni marcher. Et ils ne se
repentirent pas non plus de leurs meurtres, ni de
leurs empoisonnements, ni de leurs impudicités, ni de
leurs voleries.» — Dès lors, ceux qui échappèrent au
glaive du Sarrasin tombèrent sous celui du Turc, et ceux
qui échappèrent au Turc ne se repentirent point de
leurs œuvres, pour lesquelles la colère de Dieu s'était
enflammée contre eux. Aujourd'hui, hélas! on les voit
encore se prosterner devant le bois et la pierre.

De cette seconde période à la troisième, il n'y avait
qu'un pas pour arriver à cette *individualité* perma-
nente qui a tellement accumulé l'iniquité, que, sur le
plateau de la balance, il a osé élever la voix à la
hauteur de celle du Dieu fort.

Une partie de la Chrétienté n'ayant pas voulu reconnaître l'évêque de Rome comme son Chef, s'en est sépa-
rée; mais si elle n'a pas de Prêtre-souverain, elle a un
Empereur-Pontife. Elle a, en partie, ce que l'autre aura
dans les derniers jours, c'est-à-dire, un Prêtre-souverain
et un Pontife-roi.

CONCLUSION

Nous avons jeté un rapide coup d'œil sur les principaux événements de la période chrétienne, pendant laquelle six autres périodes (ou trompettes) se sont écoulées, et nous avons pu constater que quatre d'entre elles ont été des châtiments sévères infligés à une Chrétienté qui s'est toujours plus altérée, à mesure qu'elle s'est éloignée de sa Source. — On peut la comparer à un fleuve qui, à son début, serait profond et limpide, mais qui, en s'élargissant, baisserait, à tel point qu'on pourrait bientôt le traverser, mais en marchant dans la boue.

C'est ainsi qu'ici-bas tout s'altère et se corrompt: Adam, le premier; puis les descendants de Seth, que la Bible appelle « les fils Dieu, » lesquels se corrompirent et tombèrent dans l'idolâtrie, après s'être alliés aux « filles des hommes, » issues de la race de Caïn. — Plus tard, vint le déluge : Les descendants de Noé, quoique n'ignorant pas la cause de cet épouvantable cataclysme, firent néanmoins « ce qui déplaît à l'Eternel »; ils bâtirent une tour dont la hauteur imaginaire devait atteindre les cieux, et cela, pour défier le courroux du Tout-Puissant. Alors vint leur dispersion.

Est-il nécessaire aussi de rappeler en détail la dureté et la mauvaise foi des Israélites à l'égard de Dieu, dès leur sortie d'Egypte jusqu'à leur entrée en Canaan?... ou depuis leur entrée en Canaan jusqu'à leur captivité à Babylone...? ou enfin, depuis leur retour de cette captivité jusqu'à l'arrivée du Christ, annoncée par le prophète Daniel?—Ne sait-on pas qu'ils mirent Jésus à mort, tout en disant : « Si nous eussions été du temps de nos pères, nous ne nous serions pas joints à eux pour répandre le sang des prophètes ? » — De là, la ruine de Jérusalem par Titus, et leur dispersion qui dure encore.

Et l'Eglise? — L'Eglise a marché de révolte en révolte; elle n'a été généralement qu'un assemblage de corps enseignants, exerçant de siècle en siècle « la domination sur les héritages du Seigneur ». — Où sont ces humbles serviteurs, recevant immédiatement du Saint-Esprit ce qu'ils devaient servir sur la table des invités de Dieu, et le distribuant à chacun selon son tempérament et ses besoins ? On ne voit, le plus souvent, hélas! que des serviteurs au front haut, servant qui bon leur semble, et faisant de Christ une tête à mille corps, dont chacun a sa table particulière. — Cependant, chacune de ces Eglises espère le succès et la récompense, et si nombreuses qu'elle soient, au fond, elles appartiennent à la période du Mystère d'iniquité, d'où elles sont sorties : soit du pastorat exclusif, soit du métropolitanisme, soit du papisme.

On peut dire que l'Eglise chrétienne prise dans son ensemble est dans un état de déplorable confusion. Néanmoins, c'est au sein de ces dénominations diverses que les enfants de Dieu se trouvent dispersés et que Dieu les appelle. Aussi, chacune des Eglises chrétiennes considère-t-elle cela comme une preuve de l'excellence de son système. Et c'est ce qui fait dire à plusieurs « que toutes les religions sont bonnes, pourvu qu'on en suive les enseignements. »

Mais tout christianisme mondanisé aura son châtiment et sa fin au retour du Seigneur : —« Voici, le jour vient, ardent comme un four, où tous les orgueilleux et tous les méchants seront comme du chaume ; et ce jour qui vient, a dit l'Eternel des armées, les embrasera et ne leur laissera ni racine, ni rameau. » (MALACHIE, IV, 1.)

Je suis porté à croire que, de toutes les Églises évangéliques, celles qui croient à la doctrine bénie du second avénement de Christ, (laquelle faisait la consolation et la joie des premiers Chrétiens) sont celles qui sont le plus rapprochées de la période apostolique. Mais leur point de vue manque de justesse, car elles renvoient cette venue à la fin du millénium. C'est-à-dire, selon elles, qu'il viendra un temps, où Dieu bénira les efforts de ses bien-aimés, en répandant sur le monde entier une abondante effusion du Saint-Esprit; cet Esprit convertira toutes les nations; Israël sera amené à la connaissance de l'Evangile; mais « le *Libérateur* venant en Sion pour ôter de Jacob tout scandale (ROM., XI, 26), n'aura pas encore paru; ce ne sera qu'après une longue période d'un règne spirituel et béni que Jésus viendra, à la fin, pour détruire le monde visible.

Cette interprétation est - elle possible? Ecoutez : D'abord, il n'y a pas, dans toute la RÉVÉLATION, de promesse du second avénement pour la fin du millénium ; car, à cette époque, c'est le grand trône blanc, c'est le jugement dernier, c'est la fuite de cette terre sans que Jésus ait posé les pieds sur elle. — Ce n'est pas tout. Quand l'apôtre Pierre rappelle ces paroles de Joël : « Il arrivera dans les derniers jours, dit Dieu, que Je répandrai de mon Esprit sur toute chair ; vos fils prophétiseront et vos filles aussi ; vos jeunes gens auront des visions et vos vieillards auront des songes », l'apôtre Pierre a voulu dire que l'effusion du Saint-Esprit sur l'Eglise apostolique, le jour de la Pentecôte, dont ceux à qui il s'adressait venaient d'être les témoins, était une effusion analogue à celle qui sera répandue en son temps d'une manière complète. — Ces paroles de Joël ont trait à la restauration d'Israël quand il rentrera dans sa patrie, selon les nombreuses promesses qui lui en sont faites ; tandis qu'à l'époque où Pierre parlait, Israël devait, au contraire, être « dispersé par toute la terre, » et rester longtemps sans roi, sans sacrificateurs et sans éphod.

Par conséquent, cette promesse n'a eu qu'un accomplissement partiel dans la période apostolique ; et le développement du système religieux d'iniquité qui l'a suivie en a arrêté le cours. Ainsi, l'entier accomplissement de cette promesse est encore à venir, car il nous est dit qu'« en ce temps-là, » les armes de guerre seront transformées en instruments d'agriculture. Hélas ! jusqu'à maintenant, nous n'avons point encore vu cette transformation se réaliser.

L'avénement du Seigneur apparaîtra-t-il avant ou après le millénium ? Telle est la question.

L'Ecriture nous apprend que « la connaissance de l'Eternel remplira toute la terre, comme le fond de la mer l'est des eaux qui le couvrent, et que chacun n'enseignera plus son prochain, en disant : Connais l'Eternel ! car tous Le connaîtront depuis le plus petit jusqu'au plus grand. » — D'un autre côté, Jésus nous déclare aussi que les temps qui précèderont son retour seront semblables à ceux de Noé, alors que « toute la terre était remplie d'extorsion et que toute chair avait corrompu sa voie. » — Je vous le demande, est-ce là le millénium qui nous est promis ?

On pourrait réunir une quantité de passages de l'Ancien et du Nouveau Testament qui tous établissent d'une manière formelle que ce règne de Dieu sera une période de paix et de sainteté ; mais, d'autre part, Jésus compare l'état de ce monde, lors de sa prochaine venue, à celui de Sodome, lorsque Lot a dû la fuir.— Nous lisons dans MATTH., XXIV, vers. 6, 7 et 8 : « Prenez garde de ne pas vous troubler ; car *il faut que toutes ces choses arrivent*, mais ce ne sera pas encore la fin ; car une nation s'élèvera contre une autre nation et un royaume contre un autre royaume, et il y aura des famines, des pestes et des tremblements de terre en divers lieux. Mais tout cela ne sera qu'un commencement de douleurs. » (Ce qui fait penser à une assez longue période de cet état de choses.

Si la venue du Fils de l'homme ne doit avoir lieu qu'à la fin du millénium, avec quelles armes ces nations s'élèveront-elles les unes contre les autres? Sera-ce avec des serpes et des hoyaux?

Nous lisons enfin au verset 14ᵉ du même chapitre : « Et cet Évangile du royaume sera prêché par toute la terre *pour servir de témoignage* à toutes les nations; *et alors, la fin arrivera.* » (Vers. 14.) — Si, comme on l'enseigne, le second avénement de Jésus-Christ ne doit s'accomplir qu'à la fin du règne de mille ans, pourquoi les nations devront-elles encore être évangélisées, et à quoi leur servirait le témoignage rendu, puisque ce sera dans une période en laquelle il ne sera plus nécessaire de dire à son prochain : «Connais l'Eternel !»—On pourrait multiplier les citations, mais en voilà assez! Soyons francs et disons, que quand on interprète la Révélation de cette manière, c'est qu'on n'aime pas l'événement solennel qu'elle annonce.

Frères! — le Seigneur Jésus viendra comme Il nous l'a fait connaître, et Il fait vivre en nous cette espérance qui nous réjouit et nous console. Aussi disons-nous en vérité cette prière : « Ton règne vienne! » Il a mis en nos cœurs ce désir ardent qui nous fait crier par l'Esprit : « **Viens bientôt!... Oui, Seigneur Jésus, viens!** » — Nous attendons aussi, lorsqu'Il apparaîtra, « la première résurrection,» à laquelle le gage que nous avons reçu nous donne droit. Et c'est ainsi que l'Eglise apostolique L'attendait, ayant la même espérance, par le même Esprit. (1 Thess., V, 23; 2 Thess., III, 5).

Enfants de Dieu,—retournez à l'Eglise de la période apostolique! Là seulement se trouve votre place légitime; là seulement vous serez en sûreté dans les temps de la fin.— **Hâtez-vous!** car « l'Ange a levé la main vers le ciel et Il a juré par « Celui qui vit aux siècles des siécles qu'il **n'y aurait plus de temps !!!** »

Chrétiens, à l'œuvre! le temps presse! — N'oubliez pas qu'il est écrit, que *« Ceux qui auront été intelligents luiront comme la splendeur de l'étendue ; et que ceux qui en auront amené plusieurs à la justice brilleront comme des étoiles, à toujours et à perpétuité.* (Daniel, XII, 3.)— Amen ! Amen !

TABLE DES MATIÈRES

Pages

❦

AVIS

1° Ceux qui n'ont pas acquitté leur Souscription sont priés de le faire AU PLUS TOT.

2° Une remise du 30 % (les frais d'expédition à notre charge) sera faite à quiconque demandera COMPTANT 12 exemplaires au moins.

La Chambre Haute

Organe mensuel
du Réveil et des Réunions de prières.
Rédacteur : M. le Pasteur L.-Frép. GALLAND, à Nyons (Drôme).
Prix : 1 fr. 50 c. par an pour la France,
et 2 fr. pour la Suisse.

Ouvrages du même auteur :

Savez-vous bien ce que c'est

Q'UN VRAI PROTESTANT ?

Ou : Le Protestantisme étudié à la lumière de la Bible.
Deuxième Edition.
Société des Livres religieux de Toulouse.
Prix : 30 cent.

ELLEN

ou la Fleur que Dieu cueille

Souvenirs d'un père.
Ouvrage dédié à ses enfants. — In-12. — Prix : 30 cent.

LE CHRISTIANISME ET LA GUERRE

Conférence sur la question :
Un Chrétien peut-il être soldat ? — Prix : 0,25 cent.

Quelques mots à un Prêtre, en réponse à ses Lettres
ou : LE PAPISME DÉMASQUÉ.

Prix : 0,30 c.

Le Concile

DERNIÈRE RESSOURCE DE L'ÉGLISE ROMAINE.

Prix : 0,25 c.

www.ingramcontent.com/pod-product-compliance
Ingram Content Group UK Ltd.
Pitfield, Milton Keynes, MK11 3LW, UK
UKHW021054150726
13693UKWH00007B/2205